AF498193

ARREST
DV CONSEIL
D'ESTAT DV ROY,

Portant que les Pieces cy deuant appellées de trois blancs & six blancs, n'auront cours que pour quinze deniers
& deux sols six deniers; & defenses à
toutes sortes de personnes de les exposer ni receuoir à plus haut prix que
de quinze deniers, & deux sols six deniers, sous les peines y mentionnées.

Registré en la Cour des Monnoyes
le 16. Octobre 1662.

A PARIS,

Chez Sʙastien Cʀamoisy, Impri-
meur ordinaire du Roy, & de la Cour
des Monnoyes.

M. DC. LXII.

Auec Priuilege de sa Maiesté.

EXTRAIT
DES REGISTRES
du Conseil d'Estat.

E Roy ayant esté informé des contestations qui arriuent iournellement entre ses Sujets pour l'exposition des Pieces cy-deuant appellées de trois blancs, & de six blancs, en ce qu'encore que par les Edits & Reglemens de son Conseil & Cour des Monnoyes, lesdites Pieces de trois blancs & six blancs

~~doiuent auoir~~ cours pour dix-
huit deniers, & trois fols ; &
que ~~dans les~~ grandes receptes
qui fe font à fon Efpargne,
Hoftel-de-Ville de Paris, Receptes generales & particu-
lieres dè fon Royaume, l'on
les reçoiue & expofe pour ledit prix de dix-huit deniers
& trois fols, conformément
aufdits Reglemens. Neant-
moins dans les Marchez &
lieux publics, & generalement
dans le détail il a efté impof-
fible de leur donner cours
pour dix-huit deniers & trois
fols ; au contraire il eft tour-
né en couftume de ne les expofer & receuoir que pour
quinze deniers , & deux fols

six deniers : ce qui a porté
vne perte confiderable à ceux
qui les reçoiuent en gros, qui
ne les peuuent mettre en détail fans vne notable diminu-
tion, à caufe des differents entre fes Suiets, qui alterent l'a-
mitié & concorde qui doit
eftre entre eux pour le ferui-
ce de fa Maiefté. A quoy vou-
lant remedier & ofter tout
pretexte de conteftation entre
fefdits Suiets : SA MAIESTE'
ESTANT EN SON CONSEIL
a ordonné & ordonne que
dorefnauant & à l'auenir lef-
dites Efpeces appellées de trois
blancs & fix blancs n'auront
cours que pour quinze deniers
& deux fols fix deniers, tant

A iij

dans les grandes receptes que dans le commerce public: Faisant defenses à toutes personnes de quelque qualité & condition qu'elles soient de les receuoir ni exposer à plus haut prix, à peine d'amende, & autres peines si le cas y échet: Enioignant sadite Maiesté à sa Cour des Monnoyes, & à tous Iuges de tenir la main à l'execution du present Arrest, à peine d'en répondre en leurs propres & priuez noms. Et sera le present Arrest leu, publié & affiché par tout où besoin sera, à la diligence du Procureur General en ladite Cour. Fait au Conseil d'Estat du Roy tenu à Paris le vingtié-

me iour de Septembre 1662.
Signé, LE TELLIER.

LOVIS par la grace de
Dieu Roy de France &
de Nauarre, Dauphin de Vien-
nois, Comte de Valentinois
& Diois, Prouence, Forcal-
quier & terres adiacentes ; A
nos amez & feaux Confeillers
les gens tenans noftre Cour
des Monnoyes à Paris, & à tous
Iuges, Salut. Par l'Arreft dont
l'Extrait eft cy-attaché fous
le contre-feel de noftre Chan-
cellerie, ce iourd'huy donné
en noftre Confeil d'Eftat Nous
y eftant, Nous auons ordonné
que dorefnauant & à l'aue-
uenir les Efpeces appellées de

trois blancs & de six blancs,
n'auront cours que pour quinze deniers , & deux sols six deniers , tant dans les grandes
receptes , que dans le commerce public. A CES CAVSES,
Nous vous mandons & or-
donnons par ces presentes si-
gnées de nostre main , de tenir la main à l'entiere execution dudit Arrest , lequel nous
voulons estre leu , publié &
affiché à la diligence de nostre
Procureur General en ladite
Cour : Commandons au pre-
mier Huissier ou Sergent sur
ce requis, de signifier ledit
Arrest à toutes personnes de
quelque qualité & condition
qu'elles soient, & à tous autres
qu'il

qu'il appartiendra, à ce qu'ils
n'en pretendent cause d'ignorance, & faire pour ladite execution tous commandemens,
sommations, defenses sur les
peines y contenuës, inion-
ctions & autres actes & ex-
ploits necessaires sans autre
permission, nonobstant Cla-
meur de Haro, Chartre Nor-
mande, prises à partie, & Let-
tres à ce contraires : & sera ad-
iousté foy comme aux originaux aux copies dudit Arrest
& des presentes collationnées
par l'vn de nos amez & feaux
Conseillers & Secretaires. CAR
tel est nostre plaisir. DONNE'
à Paris le vingtiéme iour de
Septembre l'an de grace mil

B

six cens soixante-deux , & de noftre regne le vingtiéme. Signée, LOVIS. Et plus bas, Par le Roy Dauphin , Comte de Prouence , LE TELLIER. Et seellée du grand seau de cire rouge sur simple queuë, & contreseellé.

EXTRAIT DES REGISTRES
de la Cour des Monnoyes.

Ev par la Cour l'Arreft du Conseil d'Eftat du Roy , donné à Paris le 20. Septembre 1662. par lequel pour les causes y contenuës , sa Maiefté ordonne que doresnauant & à l'auenir les Especes appellées de trois blancs & six blancs n'auront

cours que pour quinze deniers
& deux fols fix deniers, tant dans
les grandes receptes, que dans le
commerce public : faifant fadite
Maiefté defenfes à toutes per-
fonnes de quelque qualité & condition qu'elles foient de les receuoir, ni expofer à plus haut prix,
à peine d'amende, & autres peines fi le cas y efchet. Enioignant
fadite Maiefté à ladite Cour,
& à tous Iuges, de tenir la main
à l'execution dudit Arreſt, & que
ledit Arreſt fera leu, publié, &
affiché par tout où befoin fera, à
la diligence de fon Procureur
General en ladite Cour. Com-
miffion fur ledit Arreſt, donnée
à Paris ledit iour 20. Septembre
1662. fignée, LOVIS, & plus
bas, Par le Roy Dauphin, Comte
de Prouence, LE TELLIER,

& scellée du grand seau de cire rouge sur simple queuë, à ladite Cour adressante pour l'enregistrement & execution dudit Arrest. Conclusions du Procureur General du Roy. Ouy le rapport du Conseiller à ce commis. Tout consideré, LA COVR a ordonné & ordonne, que ledit Arrest & Commission sur iceluy, seront registrez au Greffe de la Cour, pour estre executez selon leur forme & teneur, & que ledit Arrest & le present seront leus, publiez & affichez par tous les lieux accoustumez de cette ville de Paris, à ce qu'aucun n'en pretende cause d'ignorance, & que copies collationnées d'iceux par le Greffier d'icelle seront enuoyées aux Generaux Prouinciaux & Gardes des Monnoyes , & autres Iuges

qu'il appartiendra, pour faire pu-
blier & executer ledit Arreſt,
chacun dans l'eſtenduë de leur
reſſort. Enioint aux Subſtituts
dudit Procureur General d'y tenir
la main, & de certifier la Cour de
leurs diligences au mois. FAIT
en la Cour des Monnoyes, les Se-
meſtres aſſemblez, le 16. Octobre
1662. Signé HERARDIN.

L'AN *mil ſix cens ſoixan-
te - deux le Mardy dix-
ſeptiéme iour d'Octobre , les
Arreſts du Conſeil d'Eſtat, &
de la Cour des Monnoyes cy-
deſſus, ont eſté leus, & publieʒ à
ſon de trompe & cry public, aux
carrefours & autres lieux, tant*

ordinaires qu'extraordinaires de cette ville & fauxbourgs de Paris, en presence de Maistre Adrian Bassuel Premier Huissier, & Charles Hourlier aussi Huissier en la Cour des Monnoyes, soussignez, par Charles Canto Iuré Crieur en ladite Ville Preuosté & Vicomté de Paris, accompagné de trois Trompettes, Hierosme Tronsson Juré Trompette, Pierre du Bos Commis de Iean du Bos, & Iean de Beauuais Commis d'Estienne Chappé dit la Chapelle aussi Iurez Trompettes de sa Maiesté esdits lieux : comme aussi ont esté lesdits Arrests affichez en tous les lieux accoustumez de ladite ville & fauxbourgs de

Paris, à ce qu'aucun n'en pre-
tende cause d'ignorance. Signé,
CANTO , BASSVEL &
HOVRLIER.

Collationné aux originaux par moy Conseiller
Secretaire du Roy , Maison Couronne
de France & de ses Finances , & Greffier en chef de la Cour des Monnoyes
soussigné.

www.ingramcontent.com/pod-product-compliance
Lightning Source LLC
LaVergne TN
LVHW051343200726
843510LV00002B/791